AF267919

De Tizi-Ouzou à Beni-Mengallet

Par E. LAYER

ROUEN

Imprimerie CAGNIARD (Léon GY, successeur)

Rue des Basnage, 5

1911

De Tizi-Ouzou à Beni-Mengallet

Par E. LAYER

ROUEN

IMPRIMERIE CAGNIARD (Léon GY, Successeur)

Rue des Basnage, 5.

1911

DE TIZI-OUZOU A BENI-MENGALLET

Outre le charme du parcours d'une région merveilleusement accidentée, une excursion dans les montagnes
de Kabylie présente un considérable intérêt, à la fois
rétrospectif et présent.

L'objectif principal de celui qui écrit ces lignes était
Beni-Mengallet, centre d'une importante mission des
Pères Blancs, où se trouvent réunies des familles d'in-
digènes catholiques.

On espérait, et cet espoir n'a pas été déçu, trouver
près des modernes apôtres et de leurs néophytes, un
sujet d'observation et d'étude renouvelant les impres-
sions éprouvées en parcourant les documents retraçant
l'histoire des origines chrétiennes.

Toutefois, l'objet particulièrement envisagé ne devait
pas absorber l'attention de façon exclusive.

Après avoir quitté la plaine, à quelques kilomètres
de Tizi-Ouzou, petite ville située au pied des contreforts
de l'Atlas, on aborde les versants, les pitons et les
crêtes du massif montagneux habité par des populations naguère réputées indomptables ; retranchées sur
les cimes, elles avaient échappé à la domination des

4

conquérants successifs, Romains, Vandales, Grecs, Arabes et Turcs.

Dans la réponse faite à la demande de soumission qui leur avait été adressée par le maréchal Bugeaud, les tribus kabyles avaient rappelé qu'elles n'avaient jamais payé de tribut à personne.

Plus d'un quart de siècle après la prise d'Alger, l'armée française a pu, en 1857, après de laborieuses campagnes, amener la soumission matérielle des montagnards. Ce grand effort accompli, la conquête définitive, celle des volontés, restait à faire. Les événements de 1871 ont montré qu'il s'agissait là d'une œuvre à réaliser à très longue échéance.

Dans quelle mesure un résultat préparatoire à l'œuvre énigmatique de l'assimilation, aurait-il été obtenu, c'est ce qu'il ne saurait être donné à un passant de distinguer ?

Autant il serait malaisé de pénétrer le mystère de l'état de l'âme kabyle, autant se manifeste avec éclat la qualité maîtresse des montagnards, l'inlassable ardeur au travail de la terre, si ingrate soit-elle.

On admire les laboureurs conduisant sur des versants inclinés à 45 degrés des charrues attelées d'agiles petits bœufs, obstinés au travail, comme leurs maîtres.

On reconnaît, une fois de plus, en parcourant cette région, morcelée à l'infini, appartenant exclusivement aux indigènes, quelle influence toute puissante exerce sur l'énergie humaine la possession de la propriété individuelle, l'amour passionné du sol.

Ici, on est chez des Berbères, de lointaine origine

aryenne, semblables par le costume seulement aux Arabes sémites.

Les deux races ont, à travers les siècles, nonobstant de partiels rapprochements, conservé leurs caractères distinctifs, physiques et moraux, de même que leurs langues.

Marché de Tizi-Ouzou.

Des observateurs ont remarqué des analogies existantes entre les Kabyles et divers types européens ; au dire de certains d'entre eux, il suffirait de revêtir tels indigènes d'une blouse, de la casquette traditionnelle, de les chausser de sabots, pour se croire en Normandie, en présence des paysans du pays de Caux.

La ressemblance ne serait pas seulement physique, on la retrouverait non moins apparente dans le caractère, si l'on s'en tient au moins à l'âpreté de la passion pour la possession du *bien*, dans le sens matériel du mot. Aussi le portrait des terriens du Nord, tracé de main de maître, avec l'art d'un lettré et la compétence d'un notaire, s'applique-t-il si bien aux laboureurs de la région du Djurjura, que mieux vaut le citer que courir le risque de le remplacer de façon fort inégale.

« Le paysan, disons le Kabyle, adore la terre ; il la préfère à toute autre valeur, il s'y attache exclusivement, et c'est avec passion qu'il ensemence pour récolter. Lors des règlements successoraux, il veut sa part : « A chacun le sien, dit-il. » Et quand son âpre labeur lui a procuré quelque épargne, il achète un, deux arpents, un lopin qu'il est fier de posséder privativement. Et toujours il travaille, il écomise pour acheter *du bien*.

« C'est une belle race que cette patiente population..... Ne croyez pas que ce paysan soit absorbé exclusivement dans le labeur agricole : sous sa placidité, il y a des énergies dans cet humble rustre, un idéal qui dort, qui peut s'éveiller, s'élargir tout à coup, cet homme de paix peut, sous certaines impulsions, se transformer en héros. »

Les derniers traits du caractère du paysan normand, si judicieusement indiqués par M. Paul Toutain, ne s'appliqueraient pas exactement au Kabyle; chez celui-ci, l'esprit de violence est toujours en éveil.

La suite de cet exposé permettra d'apprécier à quel point l'énergie des montagnards peut être à redouter, pour peu que les circonstances lui permettent de se manifester.

La population étant extrêmement dense en Kabylie, à titre d'exemple, une commune de 23,704 hectares, comptait 56,921 habitants, soit plus de 240 par kilomètre carré.

La propriété, partagée à l'infini, est pour ainsi dire émiettée. Il arrive de pratiquer, pour sortir des indi-

Tisseuses de burnous.

visions successorales, des partages étonnants, à tel point que l'on a vu des procès s'engager, le litige portant sur la possession d'une des branches d'un arbre, par un unique propriétaire. De beaux arbres, des oliviers séculaires, de grands figuiers, des frênes au tronc superbe, constituent d'ailleurs la principale richesse du pays ; des cultures d'orge en forment l'appoint. Les feuilles des frênes fournissent le fourrage pour la nourriture des animaux, aussi les branches de ces arbres, souvent dépouillées de leur frondaison, paraissent-elles des membres velus, contournés et disgracieux.

Une terre de médiocre fécondité et d'étendue restreinte ne saurait à elle seule nourrir tous les hôtes de la montagne, quelle que soit leur frugalité, aussi compte-t-on parmi eux des artisans et de nombreux émigrants de saison. Parmi les premiers, des bijoutiers, réputés naguère pour l'originalité de leur art, originalité compromise aujourd'hui par le contact avec l'article de Paris.

On trouve parmi ceux qui s'éloignent momentanément, des colporteurs qui vont commercer au loin, et des ouvriers qui fournissent une main-d'œuvre agricole dans les plaines et même dans des mines éloignées.

Si le Kabyle est bon ouvrier, il a aussi une grande aptitude pour le commerce et, malheureusement pour la pratique de l'usure, il s'en réserve âprement le monopole avec ses compatriotes. On ne rencontre pas de Juifs dans la montagne, ce serait, par leurs qualités et leurs défauts, des concurrents qu'il convient d'écarter, et on n'y manque pas.

Les procédés de ces populations montagnardes, pour se débarrasser de ce qui les gêne, étant d'une sauvage énergie, les descendants de Sem ne songent pas à en courir le risque, en vue d'un profit très incertain.

Soit par le commerce, soit par des procédés illicites, de grosses fortunes se sont formées chez ces indigènes, mais la possession en a été souvent troublée par la vendetta qui se poursuit avec une persistance qui ne le cède pas, si elle ne l'excède, à celle des vengeances corses.

Des compagnons de voyage citaient, aux approches d'une maison inhabitée, le nom d'un personnage qu'un succès électoral aurait pu faire supposer populaire..... par un étranger. Or, ce favori de l'électeur, je veux

Route de Fort-National.

dire de l'Administration, n'oserait pas, dit-on, résider dans la montagne, deux personnes de sa famille ayant été successivement assassinées.

Il n'y a pas lieu à froissement d'intérêts dans le massif du Djurjura, entre des Européens et des indigènes, la colonisation n'ayant été possible que dans les vallées, où la population était clairsemée.

Les Kabyles ont aimé traditionnellement les sommets, comme le refuge séculaire de leur indépendance, aussi sans doute comme favorables à la défense au cours des guerres que les tribus entretenaient entre elles et, peut-être, comme inaccessibles à la fièvre.

On ne compte comme étrangers dans la montagne qu'un petit nombre de fonctionnaires, d'hôteliers, d'entrepreneurs de transports, de petits commerçants, entretenus surtout par le passage des touristes, des missionnaires catholiques et protestants et quelques religieuses.

Dans cette région, du moins, les parlementaires philanthropes et leurs émules socialistes n'auraient pu invoquer, à l'encontre du code de l'indigénat, l'intérêt du pauvre indigène, victime née, suivant eux, du colon, le patron de là-bas. En poursuivant, avec un parti-pris coutumier, une sensiblerie affectée, une ignorance complète du milieu, des réformes irréfléchies, ces hommes compatissants pour les criminels seulement, se rendraient inhumains à l'encontre des Kabyles inoffensifs et honnêtes, dans la mesure où l'éducation et la tradition atavique leur permettent de l'être.

Quoique l'on puisse dire de l'Administration française, il faut bien l'affirmer, l'indépendance ne se confondant pas avec le dénigrement, elle constitue pour les populations de l'Algérie un incontestable bienfait. Cette constatation n'implique, en aucune façon, que les indigènes aient conscience des services qui leur sont rendus, et se considèrent comme les obligés des Roumis.

Quoi qu'il en soit, il est aisé de comprendre que l'Administration d'une commune mixte de 75,000 habitants, formée de multiples villages, ne constitue pas pour le fonctionnaire qui en est chargé et ses deux adjoints une sinécure. C'est une rude besogne que celle de mettre un frein, chez les Kabyles, aux ardeurs batailleuses d'antan, de rechercher les auteurs de multiples meurtres et larcins.

N'est-il pas de commune renommée, qu'à l'égard de l'infidèle, le mensonge est œuvre pie, et que chez les

Pâtres kabyles.

indigènes arabes, Kabyles et Juifs, le faux témoignage, sympathique ou vénal, est d'usage courant? Quel que soit le mobile, tout est mis en œuvre pour dérouter la justice. Sait-on dans quel village se trouve le coupable, il est impossible de le discerner dans un ensemble de burnous et d'innocences] d'une blancheur également relative.

C'est alors que la responsabilité collective, judicieusement pratiquée, pouvait avoir le bon côté de réveiller, sous la pression de l'intérêt, les consciences endormies. En présence de la complicité effective d'une population pour protéger un coupable, un administrateur prit le parti d'interner toutes les femmes d'un village. Le lendemain, le criminel se rendant au vœu de ses concitoyens, impatients de rentrer en possession d'un bien dont ils étaient particulièrement jaloux, venait avouer sa faute à l'administrateur et celui-ci, détail de mœurs à noter, l'envoyait seul se faire incarcérer.

Avant la conquête, chaque village ou *thaddert* était divisé en deux cofs ou factions ennemies, et ces démocrates, à la fois primitifs et avancés, mettaient en pratique ce système de la représentation proportionnelle qui n'est encore pour le libéralisme des métropolitains qu'un insaisissable idéal.

Dans chaque village kabyle, la majorité désignait le premier fonctionnaire, l'*amin*, on pourrait dire le maire ; la minorité, le *tamin*, le receveur municipal. On se rend compte si, sous l'influence de ce dualisme, les intérêts publics étaient l'objet d'une active et réciproque surveillance.

Le suffrage théoriquement universel était, par le consentement populaire, réservé aux *Anciens*, aux hommes jouissant d'une considération particulière ; c'était, a-t-on dit, une sorte de Sénat, traditionnellement constitué.

La vie publique était surtout communale. Il existait un lien fédératif à plusieurs degrés, réunissant les *douars* ou tribus dans des circonstances exceptionnelles, telles que la menace d'une invasion.

Après une tentative d'arabisation, qui avait sévi sous l'influence de l'idée utopique et antifrançaise, de la création d'un empire arabe, on est revenu aux formes de l'ancienne organisation. C'est ainsi que chaque village a son amin, son *oukil* et sa *djemma*, ou Conseil municipal, mais à l'élection par les habitants a succédé, pour toutes les fonctions, la désignation par M. l'Administrateur.

A cela près, l'Assemblée municipale se réunit comme par le passé, dans des locaux d'une simplicité toute primitive, un passage, par exemple, ouvert à tous les vents. Les conseillers délibèrent dans un courant d'air qui peut être hygiénique, les habitudes de vie ne comportant pas jusqu'ici chez les Kabyles de soins de propreté minutieux. La pénurie d'eau, sur les sommets, excuserait l'omission des ablutions rituelles, négligées parfois là où la ferveur musulmane plus active les pourrait aisément pratiquer.

Le costume est, parmi les montagnards, plutôt misérable, on le pourrait dire négligé par principe, aussi serait-il impossible, dans de semblables conditions, de baser l'impôt sur le revenu sur les signes extérieurs de la richesse trahis par le vêtement.

Pour établir une distinction entre le riche et le pauvre, loqueteux à l'envi l'un de l'autre, il faudrait franchir le seuil du logis et rechercher les traces d'un confort rudimentaire et d'une vie moins frugale.

Dans cet embarras on avait procédé par voie de taxe de capitation, *la lezma*, portant sur tous les hommes en état de porter les armes, les femmes, tenues pour quantité négligeable, étaient exemptes de cette taxe, en sorte que les familles qu'Allah avait affligées d'un grand nombre de filles, éprouvèrent, pour la première fois, un sentiment de satisfaction de cette répartition familiale. Faute d'aveux sincères des contribuables sur la réalité de leurs ressources, l'impôt avait été établi d'après des sondages fondés sur la commune renommée. Cette méthode n'avait pas été sans provoquer de vives réclamations, bien qu'elle eût été appliquée avec une modération équitable, en tenant compte, sans aucun doute, que ces pauvres indigènes n'ayant pas de députés pour défendre leur bourse, il eût été abusif de leur imposer des charges égales à celles subies par le paysan français, favorisé d'un représentant au Parlement.

En suivant la route qui mène de Tizi-Ouzou à Fort-National, on rencontre à mi-chemin de l'abrupte montée une belle école ; on en avait déjà distingué d'autres dominant les crêtes ; leurs murailles en blancs moellons et leurs rouges toitures en tuiles détachaient, avec quelque relief sous la pleine lumière, ces constructions scolaires, de la masse de sombre verdure.

Les Kabyles, fort ignorants, n'apprécièrent pas tout d'abord les avantages d'un savoir offert par les étrangers. Dans quelle mesure se rendent-ils compte, aujourd'hui, du bienfait de l'instruction, au moins pour les garçons et, ce qu'il importerait de pénétrer, c'est dans quel esprit les enfants reçoivent ou subissent l'enseignement.

Dans l'Aurès, de jeunes élèves voulant témoigner à

quel point ils avaient profité de leçons d'histoire, man-
quant à la fois de circonspection et d'à-propos, avaient
placardé sur les murs des écoles des copies énumérant
les revers subis par la France.

Les jeunes Kabyles ont-ils moins d'application sour-
noise que leurs condisciples des Hauts-Plateaux ?

Jeunes kabyles.

Quant aux filles, les indigènes jugent l'école perni-
cieuse pour elles et, dans une certaine mesure, il en
serait ainsi au cas où elle aurait éveillé, parmi ses
rares élèves, des aspirations incompatibles avec la
situation faite à la femme par des mœurs dérivant
de la suprématie attribuée à l'homme par la loi musulmane.

Il advint tout d'abord que l'instruction reçue par les
garçons fut exclusivement envisagée comme le moyen

d'arriver à un emploi public et le droit de l'obtenir du Gouvernement.

L'Administration était considérée comme tenue à l'acquit d'une sorte de dette contractée à l'égard de ceux qui, pour lui complaire, avaient consenti à fréquenter nos écoles. La situation de fonctionnaire est particulièrement enviée par les indigènes, d'abord parce qu'elle leur assure une vie moins rude, ensuite, et principalement peut-être, parce qu'elle les fait participer à la puissance du *Beylik*, être idéal, correspondant pour eux, avec quelque chose de plus nettement redoutable, à ce qu'ailleurs on appelle l'Etat. Mais le Kabyle, sans être insensible aux satisfactions d'amour-propre, est surtout préoccupé des avantages matériels, aussi peut-on supposer qu'il escompterait certains profits indirects venant s'ajouter, comme suite de son influence supposée, à ceux que lui conférerait officiellement une fonction.

L'Administration s'est à juste titre émue d'un état d'esprit aussi peu favorable à la diffusion utile de l'instruction, qu'onéreuse pour elle, du moins moralement. Aussi lit-on dans le *Plan d'études de l'Enseignement primaire des indigènes en Algérie* : « Le jeune indigène formé dans nos écoles est préparé à améliorer les conditions d'existence de sa famille, il n'est pas porté à rechercher une autre situation ; ses préoccupations sont tournées vers les travaux des champs et de l'atelier. »

Cet énoncé doit être pris pour ce qu'il est, l'expression d'un vœu dont la réalisation serait tout au moins lointaine, l'admît-on en voie de préparation.

Au dire de Paul Bert et de beaucoup d'autres après lui, les programmes, faute d'être appropriés au milieu, ne sauraient conduire au but si sagement envisagé. Etait-il bien nécessaire de préparer un enfant à réciter sans broncher, lors d'une visite officielle, la liste des ministères qui s'étaient succédés depuis l'avènement de la troisième République? Etait-il plus utile que des élèves aient été parfaitement mis au fait de l'épisode mérovingien du vase de Soissons et d'une foule d'autres détails, constituant de stériles exercices de mémoire, propres tout au plus à développer la vanité des bambins, et à leur inspirer les ambitions encombrantes que l'on voudrait éviter ?

On trouve, dans le *Plan d'Etudes*, d'excellentes instructions données aux instituteurs telle que celle « de respecter les convictions religieuses des populations parmi lesquelles ils vivent, de ne pas oublier que la morale s'appuie sur cette idée de Dieu qui lui donne à la fois son idéal et son caractère de perfection et d'universalité, etc., etc. »

Si l'application suit le précepte, l'école en Algérie n'aurait pas à être défendue, car elle resterait presque en deçà des exigences de la neutralité.

On a créé plusieurs écoles professionnelles ; grâce aux aptitudes des Kabyles, à la fois laborieux et intelligents, il y a lieu de croire qu'ils sauront tirer parti de cet enseignement ; on peut former le souhait que les circonstances ne leur permettent pas de mettre leur savoir à profit, comme le firent leurs devanciers, lors du soulèvement de 1871. Les élèves d'une première école d'Arts

et Métiers, établie à Fort-National, après avoir incendié
l'établissement où ils avaient été instruits, devinrent,
grâce aux connaissances reçues de professeurs français,
de précieux auxiliaires pour les révoltés. Ces jeunes
gens dirigèrent, avec une redoutable habileté, le siège
du fort détesté, au dire des indigènes : « une épine dans
l'œil de la Kabylie ». L'expression donne l'idée exacte
de la mentalité de populations de mœurs violentes,
tenues au respect par les canons à longue portée de la
citadelle française. L'artillerie pourrait exercer son
action sur une population de 80,000 à 100,000 habitants, répartie dans de multiples villages, couronnant
pitons et crêtes jusqu'à l'extrême horizon.

Il est juste de dire que le grand soulèvement qui
s'est produit en 1871 avait été provoqué par une mesure prise au cours de l'Année terrible. Arabes et
Kabyles avaient ressenti avec un même sentiment d'ir-
ritation l'infériorité où les plaçait, à l'égard d'une
minorité qui ne leur était pas sympathique, le décret
accordant aux Israélites le privilège de la naturalisation
et le profit de l'influence électorale.

Il convient de rappeler que cette infériorité avait été
infligée à la majorité de la population indigène au lendemain des jours de deuil où les régiments de turcos
avaient été décimés au service de la France.

Comme épilogue, la population juive aurait bénéficié
des confiscations de terres qui suivirent la répression
de l'insurrection, tandis que les vaincus étaient envoyés
au bagne, comme des criminels de droit commun.

Justement préoccupés de l'intérêt de la défense nationale, compromis par l'abaissement de la natalité dans notre pays, M. Messimy et d'autres ont pensé qu'il conviendrait, pour compenser l'insuffisance inéluctable du recrutement, d'assujettir les indigènes de l'Algérie au service militaire obligatoire. Est-ce au moment où l'obligation du devoir civique paraît trop lourde à des nationaux qu'il conviendrait d'exiger des services comportant un loyalisme inébranlable de populations demeurées sous l'influence de croyances, de traditions, de mœurs, voire même de rancunes, parfois justifiées, qui les séparent des conquérants ? Ne conviendrait-il pas de se souvenir que les Romains, dont l'histoire en Afrique aurait été bonne à consulter, avant même de débarquer à Sidi-Ferruch, n'admettaient dans leurs légions que des citoyens ?

Les maîtres du monde recrutaient, parmi les populations soumises, des auxiliaires ; c'est le système qui a été suivi jusqu'ici, avec succès, pour la formation, par voie d'engagements volontaires, de corps indigènes. Un fait indiquerait qu'il convient de s'en tenir là ; les tirailleurs, rentrés dans leurs douars, après avoir rendu d'excellents services au régiment, ne seraient pas les sujets les plus sûrs. De longues années passées sous nos drapeaux n'auraient produit aucun résultat au point de vue de l'assimilation.

Si l'on admet que la fréquentation de l'école communale puisse exercer une influence efficace sur les dispositions de la population kabyle, à l'endroit de l'occupation française, encore conviendrait-il de rechercher dans quelle proportion les enfants la fréquentent, bien que l'obligation existe pour ceux qui résident dans un rayon de trois kilomètres. On peut croire que le nombre des élèves est très restreint, si l'on tient compte de la densité de la population et de la difficulté de communication, dans une région aussi accidentée, entre des villages relativement rapprochés.

Combien faudrait-il d'écoles pour recevoir tous les enfants dans une commune comptant, comme celle de Michelet, une population de 75,000 habitants, éparse sur nombre de crêtes et de pitons?

Quelles ressources seraient nécessaires pour établir une organisation scolaire complète pour une pareille agglomération numérique et une semblable dispersion? Or, un fonctionnaire indigène intelligent, distingué, agréable compagnon de route, constatait que des communes naguère riches se trouvaient aujourd'hui dans une situation financière difficile par le fait des dépenses faites pour l'instruction.

Quant aux filles, leur religion, au dire d'un administrateur, ne leur permet pas de se rendre à l'école. Cette simple remarque explique les conséquences fâcheuses subies par le petit nombre de jeunes filles, filles de fonctionnaires, orphelines plus ou moins réelles, que l'Administration avait pu réunir dans les établissements scolaires. Leurs compatriotes ne voulurent plus de ces malheureuses pour femmes. Or, dans un pays où la chasteté chrétienne est ignorée, le pire des mariages est envié ; après une cruelle expérience, de pauvres répudiées souhaitent de rencontrer un nouveau maître, espérant qu'il sera meilleur ou moins mauvais que le précédent. Comme suprême ressource, quelques-unes de ces élèves infortunées trouvèrent pour époux des naturalisés, c'est-à-dire des gens appartenant, sauf exception, à la partie la moins recommandable de la population. On recherche, paraît-il, la naturalisation pour échapper à la surveillance spéciale aux indigènes et pour tenir plus facilement l'Administration en échec, à titre d'électeur.

Il convient de remarquer que l'éducation avait été donnée en même temps que l'instruction aux jeunes filles ainsi frappées de discrédit, par des femmes très distinguées, noblement dévouées à leur œuvre, mais peut-être trop disposées à rapprocher leurs élèves du type de la jeune fille française, qui ne serait pas à sa place dans un ménage kabyle.

Quelles influences ont pu exercer, au profit de l'occupation française et d'une entente cordiale avec les Kabyles, les instituteurs et les institutrices, — il en est de dignes, par leur caractère et leurs talents, de la plus haute estime, qui ont accepté de vivre isolés au milieu d'une population plutôt hostile — il serait difficile de le dire. On doit, n'y étant pas astreint par obligation professionnelle, se garder de l'optimisme officiel qui a permis de discerner des résultats d'assimilation par le fait de l'adoption du costume européen, parfois même par des détails de minuscule importance, tel que celui relevé par un inspecteur, l'emploi de l'eau de Lubin par de jeunes indigènes.

Fort-National rappelle la défense héroïque opposée pendant cinq mois en 1871 à des milliers de Kabyles par une poignée d'hommes, cinq cents soldats et civils, dirigés, et l'on peut dire inspirés, par un chef héroïque, le colonel Maréchal.

A l'aide de grandes échelles, construites sous la direction des anciens élèves de l'Ecole des Arts et Métiers, un assaut formidable fut donné à la citadelle ; elle se trouva soudainement assaillie sur toutes ses faces. La surprise, silencieusement préparée à la faveur d'une nuit obscure, trahie seulement par l'imperceptible frémissement de la foule en marche, fut déjouée par la vigilance toujours en éveil du commandant et par le sang-froid gardé, sous l'inspiration de son chef, par la petite garnison. Au moment où les assaillants arrivèrent aux parapets, les feux de salve des défenseurs les rejetèrent dans le fossé. Vainement, comptant sur la supériorité du nombre, les Kabyles gravissaient-ils les échelons, avec une indomptable intrépidité, ils retombaient en grappes humaines sur les glacis.

Le rappel de la répression merveilleuse de l'insurrection de 1871 et les souvenirs de la conquête de la Kabylie suffisent à montrer combien sont vaines les théories de l'antimilitarisme.

Pour réduire les révoltés, le général Lallemand disposait de quelques centaines d'hommes, les uns revenant de captivité, les autres ayant fait partie de l'armée de la Loire, les uns et les autres déprimés par des souvenirs de misère et de défaite. Le général, unissant la prudence à la hardiesse, sut, en graduant l'effort, ménager à sa petite armée de premiers succès, et grâce à une offensive heureuse, rendit à ses troupes la confiance en elles-mêmes, gage de la victoire.

Le Conseil municipal d'Alger, sous l'influence de la tradition révolutionnaire, jugea opportun d'envoyer, à l'exemple de la Convention, des délégués chargés d'apprécier dans quelle mesure pouvait bien exister un soulèvement, et s'il ne s'agissait pas principalement pour les militaires d'une occasion de gagner grades et décorations.

Les représentants en mission, fort bien accueillis, se montrèrent ravis de la réception qui leur était faite, mais vers la fin du repas une fusillade éclata, c'était une belle occasion d'apprécier la situation en suivant leurs hôtes. Suffisamment édifiés, les commissaires jugèrent convenable d'éviter des risques que leur devoir professionnel ne leur imposait pas ; le combat terminé, ils avaient disparu.

Le seul aspect physique de la Haute-Kabylie permet d'apprécier à quel point fut laborieuse la conquête de ces réduits naturels, défendus par des montagnards obstinés. On comprend qu'il ait fallu s'y reprendre à plusieurs fois, avant d'obtenir une complète soumission. Avant l'ouverture de ces belles routes, enserrant monts et vaux de leurs multiples lacets, il n'existait dans la montagne que des sentiers. C'était, grâce à cette absence de voies de communication que les montagnards avaient pu, pendant des siècles, maintenir leur indépendance. Là où le cheval du bey, disaient-ils, ne peut poser le pied, là cesse le beylik. On comprend quelles fatigues durent surmonter les troupes françaises, dans cette région convulsée, pour aborder tour à tour crêtes et pitons, s'élevant de toutes parts, comme les lames d'une

immense houle, soudainement arrêtée au pied des contreforts arides du Djurjura.

En suivant pour gagner le bourg administratif de
Michelet la belle route tracée à flanc de coteau, sur le
versant de la montagne, on aperçoit, à quelques kilomètres de Fort-National, une blanche pyramide : c'est le
monument rappelant les deux batailles livrées à Iche-
riden, la première pour achever la conquête, la seconde
pour réduire l'insurrection.

La formidable position était, lors de l'une et de l'autre rencontre, défendue par les tribus kabyles, super-
bes d'intrépidité, et chaque fois le courage et le nombre
des miliciens occupant une crête presque inabordable,
ont dû céder à l'attaque d'adversaires dont la vaillance
était servie par une organisation et une direction militaires régulières.

Encore convient-il de remarquer que les Kabyles
avaient tiré parti, au profit de leur résistance, de ce
qu'ils avaient appris au contact des Français. Lors de
la seconde bataille, les révoltés avaient élevé des ouvrages de campagne fort bien compris, complétant les
défenses naturelles.

Malgré ces obstacles nouveaux, l'homme de guerre
éminent qui dirigeait l'attaque, le général Lallemand,
sut, en réduisant les pertes éprouvées dans la première
bataille, obtenir un succès complet. La position fut à la
fois abordée de front et tournée et, dans cette circonstance, un contingent kabyle faisant partie du corps
expéditionnaire français rendit les plus sérieux services.
Ce fait confirme une fois de plus la convenance de l'em-

ploi des indigènes recrutés par voie d'engagements volontaires.

Après avoir recueilli en cours de route, suivant les hasards et parfois la bonne fortune des rencontres, d'intéressantes indications sur les questions perpétuellement agitées, on serait tenté d'engager les parlementaires en mission à se dépouiller parfois du prestige de leur qualité de députés pour recourir aux procédés d'information prêtés au calife Haroun-al-Rachid, ils pourraient surprendre, grâce à cet effacement méritoire, la vérité, dans le négligé de la vie quotidienne. C'est ainsi qu'il advint de prendre un intéressant aperçu des résultats obtenus par la discrète évangélisation des Pères Blancs. Ces religieux qui se rapprochent des indigènes par le costume même, judicieusement choisi par leur éminent fondateur, le cardinal Lavigerie, demeurent fidèles à la tradition reçue du grand apôtre ; ils procèdent avec une inlassable patience à la conquête des âmes par la persuasion, naissant de la pratique de la charité. Les missionnaires d'Afrique accomplissent à l'égard de tous, sans condition ni distinction de personnes, ces œuvres de miséricorde dont le Christ, leur maître, a été, par ses préceptes et ses actes divins, l'initiateur incomparable en ce monde.

Dès l'aube du dimanche, je quittais la petite agglomération qui aurait pu recevoir avec plus d'à-propos, au lieu du nom de Michelet, celui de Lallemand ou de quelque autre héros dont le souvenir demeure attaché à l'histoire de la conquête. Après une petite heure de trajet à dos de mulet, avec un jeune Kabyle à la mine éveillée pour guide, on arrivait à la station de Beni-Mengallet, à temps pour assister à la grand'messe célébrée pour un groupe de Kabyles catholiques. Le visiteur avait pu apprécier en suivant un chemin relativement facile les fatigues que comporte pour les missionnaires le parcours de monts et de vaux merveilleusement pit-

Chemin de Beni-Mengallet.

toresques, surtout si l'on tient compte que les trajets, qui n'exigent pas plus de trois heures de marche, se font à pied.

On passe, en se rendant à la Mission, devant l'hôpital de Sainte-Eugénie ; la visite de cet établissement devait être le grand attrait de l'après-midi. Les bâtiments de la station, auxquels on accède par un chemin raviné, couronnent le sommet de la crête.

Les néophytes exacts à l'heure de l'office arrivaient en hâte, ils se pressaient dans la chapelle, un simple appartement, devenu insuffisant, vu le nombre croissant des convertis. Les fidèles se divisaient en deux groupes, les hommes avec les Pères, à droite ; les femmes avec les Sœurs Blanches, à gauche. Quelques élèves de l'école et des néophytes occupaient le premier rang.

La messe commencée, à peine quelques petits enfants troublèrent-ils le recueillement de la pieuse assistance. Après l'évangile, le supérieur général des missions de Kabylie et de l'Aurès, le R. P. Baldit, prit la parole en langue kabyle. Son discours avait pour objet, m'a-t-il expliqué, de répondre aux objections faites à des néophytes au sujet de l'union de la nature divine à la nature humaine dans la personne du Sauveur. Ces pauvres Kabyles qui ont su, avec l'aide de la grâce, discerner l'étoile divine et la suivre, révélaient par leur accent, en s'associant soit aux chants liturgiques, soit aux cantiques français, de l'ardeur de leur foi. Au moment de la communion, les hommes d'abord, à leur suite les femmes, s'avancèrent vers l'autel avec une dignité d'attitude, une ferveur émue, profondément impressionnantes.

La messe terminée, l'assistance se retira lentement ; des femmes s'arrêtèrent un instant, les jeunes discrètement réservées, les vieilles auxquelles leur âge permettait plus de liberté, très disposées à la causerie.

Les élèves de l'école, de gentils enfants à la physionomie intelligente et gaie, s'étaient, pour la plupart, rendus dans la cour de la mission où le Père Baldit, entouré du R. P. Duvernois, supérieur de la mission de Beni-Mengallet, son jeune et dévoué collaborateur, et de leurs confrères, reçut sous le préau, ou mieux sous le cloître modeste, avec la plus affectueuse bonne grâce, le visiteur recommandé par Monseigneur Livinhac.

L'hospitalité de ces aimables religieux, leur simplicité apostolique, ont fourni à leur hôte l'occasion de passer parmi eux un des meilleurs dimanches qu'il lui ait été donné de vivre.

Outre la jouissance d'avoir appris beaucoup par ce qu'il vit et entendit, le visiteur éprouva celle plus grande encore de pénétrer par une observation personnelle l'étendue de mérites que l'humilité évangélique ne permettait pas de lui révéler. C'est ainsi qu'il lui a été donné de prendre conscience de la portée de l'œuvre civilisatrice poursuivie par les Pères avec le double et exclusif appui de la grâce de Dieu et de la charité chrétienne.

La présence des marabouts chrétiens n'a pas soulevé, chez les populations musulmanes, les susceptibilités fanatiques invoquées pour prohiber toute action chrétienne. Les religieux ont obtenu, par leurs œuvres et leur caractère, respect et sympathie ; l'enquête officielle en a fourni le témoignage. Par le fait des sentiments qu'ils ont inspirés aux indigènes, nos dévoués compatriotes, pacifiques conquérants des volontés, ont servi efficacement et servent chaque jour l'évangélisation et l'influence française.

Auprès des bâtiments de la mission, constructions

très simples, les Pères Blancs ont groupé un certain
nombre de familles. Les maisons en briques, couvertes
en tuiles, premiers éléments d'un village, abritent,
comme tous les logis indigènes, bon nombre d'habitants.
Des ressources insuffisantes ne permettent pas de former autant qu'il serait désirable des groupes chrétiens

Après la messe.

et d'isoler les convertis de leurs compatriotes dont ils
ont à la fois abandonné les croyances, les mœurs et
les préjugés. Devenus chrétiens, les Kabyles sont
des Roumis, des Français ; leur assimilation est effective, sans qu'il soit même besoin de naturalisation officielle.

Il est d'autant plus important d'entrer dans quelques
détails sur l'action chrétienne et ses résultats en Algérie, qu'elle y est peu connue, et, on peut ajouter, parfois

méconnue. Tous les convertis ne sont pas des modèles, les séjours périodiques loin de la montagne, et le contact qui en résulte avec les Européens, sont rarement de nature à les affermir dans la foi, et même dans la pratique de la tempérance. Or, on sait comment des gens dont les exemples ne seraient pas à suivre, savent

Village chrétien.

discerner chez autrui les défaillances, les exagérer et les condamner, ne pratiquant l'indulgence et souvent à l'excès, qu'en ce qui les concerne eux-mêmes.

Avec plus de critique, on constate un début de civilisation, sans s'étonner des misères, suite inévitable de la faiblesse humaine et l'on hésiterait d'autant mieux à jeter la première pierre à ces pauvres gens que l'on constate ailleurs, par la décadence morale systématiquement poursuivie, ce retour à la barbarie par voie scientifique que signalait M. Bourget dans son discours de réception à l'Académie française.

L'établissement des missions est relativement récent ; c'est seulement en 1871 que les Pères Blancs ont pu, avec l'autorisation de l'amiral de Gueydon, venir en Kabylie.

Sous l'obsession de la pensée qui avait inspiré, à la suite d'un voyage de Napoléon III en Algérie, en opposition avec le développement de la colonisation, le projet de la création d'un empire arabe, on avait entrepris, en dépit même du principe néfaste des nationalités, l'arabisation des Kabyles. La langue kabyle n'étant pas écrite, on avait, comme conséquence logique de la tentative officielle, décidé d'emprunter pour la fixer les caractères arabes, au lieu de profiter de la circonstance, comme l'auraient fait les religieux, pour la faire écrire en caractères français.

A l'organisation démocratique des montagnards, on substituait le système aristocratique des Arabes, avec leurs grands chefs, leurs *bach-aghas*. Au point de vue religieux, on prohibait toute propagande chrétienne, et, par une étrange contradiction, l'Administration française mettait son influence au service d'une rénovation musulmane. Dans son beau livre : *A travers la Kabylie et les questions kabyles*, M. Charveriat écrivait : « Les écoles françaises furent sévèrement proscrites. Les *zaïouas*, c'est-à-dire les écoles musulmanes, furent au contraire favorisées, et l'enseignement du Coran reçut une nouvelle impulsion. Les Kabyles ne se conformaient pas à toutes les prescriptions de l'orthodoxie islamique..... ils furent invités à suivre une plus stricte observance. Comme ils ne possédaient pas partout des mosquées, ils furent invités à en bâtir dans les villages qui en manquaient.....

« Ils durent désormais pratiquer leur culte en commun et non en particulier, comme ils le faisaient jusqu'alors, et célébrer leurs fêtes avec plus de pompe. L'Administration fut même invitée par le Pouvoir central à rehausser par un éclat officiel les solennités de l'Islam. Enfin, pour achever de réchauffer le zèle mnsulman, des pèlerinages à la Mecque furent organisés aux frais de l'Etat. »

Il suffit d'avoir rencontré un train ramenant des pèlerins, d'avoir vu les habitants de villages voisins venus au devant des *hadjs*, d'avoir observé les effusions échangées, d'avoir retenu l'expression des physionomies, pour avoir pris la notion exacte des effets redoutables pour la sécurité de la colonie, de ces déplacements qu'envisageait avec un optimisme étrange un préfet qui ne représentait pas l'illusion impériale.

Fort heureusement, l'effort fait pour constituer, à l'encontre de l'intérêt français, un bloc de populations indigènes, d'origines et de mœurs différentes, n'a pas produit de grands résultats. Cette tentative a été abandonnée par le régime actuel. Mais si on a rendu, nominalement, aux Kabyles, leur organisation ancienne, leurs tamens, leurs oukils et leurs djemmaas, une chose a subsisté dans son intégrité : la division de chaque village en deux cofs ennemis. L'un de ces deux partis, par opposition à l'autre, se nomme aujourd'hui le cof français, mais il faudrait se garder, assure-t-on, de voir dans cette désignation autre chose que le souci de conserver ou d'obtenir, au détriment du parti adverse, les faveurs administratives.

On a avancé à titre d'axiome que le Musulman était inconvertissable. Il est de toute évidence que les mœurs établies par l'Islam au profit des passions de l'homme, constituent un obstacle à la conversion au christianisme, mais pareil empêchement peut se rencontrer ailleurs. Ce que l'on doit constater, c'est qu'en raison d'un amoindrissement moral, consécutif à l'affaiblissement des croyances, la religion de Mahomet a rencontré une certaine bienveillance officielle, alors que le culte national devenu, trop austère pour une mentalité dévoyée, était frappé d'une défaveur instinctive avant d'être l'objet d'une hostilité déclarée, de cette inextinguible haine dont parlait le P. Lacordaire.

En Tunisie, la France veut ignorer que la liberté de conscience n'existe pas ou n'existe qu'à demi. Un chrétien est parfaitement libre de se faire musulman, mais un musulman qui embrasserait le christianisme encourrait de sévères pénalités.

Avant l'occupation, deux jeunes fiancés convertis au christianisme furent saisis au moment où ils quittaient le pays et subirent la peine capitale. On peut supposer que la pénalité serait différente aujourd'hui, mais la loi subsiste, et l'on peut dire que l'évangélisation est plus difficile dans ce pays où flotte le drapeau tricolore qu'elle ne l'est au centre de l'Afrique.

M. l'abbé Klein a fait connaître les villages d'Arabes chrétiens de la plaine du Cheliff; on trouve parmi les groupes de Kabyles catholiques, comme dans ces premières créations, la famille constituée sur la base respectée du mariage indissoluble. Or, bien que la femme paraisse moins amoindrie chez les Kabyles que chez les Arabes, elle reste chez eux dans une situation de cruelle infériorité vis-à-vis de l'homme. Qu'elles soient données, en quelque sorte, à titre précaire à l'époux qui aura fourni la dot à la convenance de leur famille, la jeune fille ou la femme déjà divorcée auront à supporter la charge des travaux les plus pénibles, et si elles ne donnent pas d'enfants et surtout de fils à leurs époux elles courront le risque d'une répudiation conforme à l'usage.

Le Kabyle est rarement polygame, mais il pratique le divorce au gré de sa fantaisie, c'est le brutal abandon rêvé par certains sous le titre de consentement d'un seul.

La femme est tenue dans l'ignorance par mépris et par calcul, néanmoins les Sœurs Blanches ont pu réunir dans leurs écoles plus de quatre cents petites filles, nombre presque égal à celui des garçons qui fréquentent les écoles des Pères Blancs.

Les religieuses ont gagné la confiance des familles en s'attachant à préparer de bonnes ménagères kabyles. Grâce à un enseignement strictement approprié au genre de vie auquel elles sont destinées, les Sœurs ont pu faire de leurs élèves des compagnes enviées par leurs compatriotes. On a pris particulièrement soin d'enseigner des travaux d'aiguille d'usage tout à fait courant, enseignement judicieux, car, par le fait de l'incapacité de leurs femmes, les Kabyles sont contraints de réparer eux-mêmes leurs vêtements.

Famille kabyle.

Dans leurs écoles, religieux et religieuses reçoivent des élèves musulmans et peuvent, tout en restant dans les limites que comporte, d'après le Manuel officiel, l'enseignement moral d'une bonne école laïque, tel qu'on le comprend en Algérie, exercer une action efficace sur la mentalité indigène. A l'appui de ce qu'ils ont à dire « sur le lien qui existe au fond de nos âmes entre la loi morale et l'idée de Dieu », les instituteurs doivent notamment, aux termes du Manuel, prendre des exemples dans l'Evangile et le Coran.

Les écoles des Missions sont au nombre de dix-sept : mais le moyen d'influence le plus efficace résulte de la pratique des œuvres d'assistance charitable ; les Pères possèdent en Algérie trois hôpitaux et quinze dispensaires; du mois de juin 1906 au mois de juin 1907, 109,225 malades avaient reçu des soins dans ces établissements.

L'hôpital de Sainte-Eugénie, appartenant à l'Administration française, est confié par elle aux Sœurs Blanches. C'est un bel établissement, dont le seul défaut est d'être insuffisant pour l'agglomération de populations qu'il est appelé à secourir ; le nombre des lits est de cent cinquante pour les hommes, autant pour les femmes. Les religieuses faisaient les honneurs de l'hospice auquel elles ont consacré leur vie, avec une gracieuse complaisance, heureuses de montrer tout ce qui est fait pour le bien-être des malades, et notamment une salle d'opérations, pouvant être comparée à celles des établissements de la métropole. On est pris de regret en songeant que les ressources limitées d'un pays pauvre font obstacle, aussi bien pour l'assistance que pour l'enseignement, à la réalisation des intentions bienveillantes du Gouvernement de l'Algérie.

Beaucoup de femmes sont accompagnées par leurs plus jeunes enfants, et ce n'est pas sans attendrissement que l'on parcourt ces salles, où la philanthropie et la charité unissent leurs ressources pour le soulagement de tant de misères mornes et silencieuses. Au nombre des malades se trouvait un blessé amputé d'un bras ; un mauvais fusil avait éclaté entre ses mains au moment

A la Mission.

où il essayait d'en faire un usage resté suspect. Cet homme n'ayant pas l'autorisation de porter une arme devait, au sortir de l'hôpital, subir la peine prévue pour cette infraction de nature inquiétante dans un milieu où les vengeances s'exercent impitoyables et même à l'aide de professionnels salariés.

L'ensemble des établissements créés en Algérie par les Pères Blancs, est desservi par cinquante-cinq missionnaires, sept catéchistes et quatre-vingt-quatre

Sœurs. Le nombre des néophytes est de neuf cents environ.

Une journée passée à Beni-Mengallet avec ces religieux exemplaires, qui unissent la simplicité au savoir, laisse au visiteur une impression dont le souvenir ne saurait s'effacer.

Dans les montagnes, les Pères Blancs, très au fait des travaux historiques récents, appréciaient tout particulièrement les ouvrages du regretté Abbé Fouard, de M. Paul Allard et de M. l'abbé Vacandard.

L'après-midi, l'assistance du matin se retrouvait à la chapelle avec la même ferveur, le même recueillement. On ne pouvait se défendre, en admirant cette jeune chrétienté, prémices de l'apostolat parmi la foule infidèle, de songer à l'apparition de l'Eglise dans le monde païen, aux âges apostoliques.

En conversant avec les religieux, on prend conscience d'une des causes qui assurent le succès de leurs missions : la connaissance exacte des misères morales de l'homme et la céleste compassion pour cette infortune. Le missionnaire ne saurait subir cette impression dédaigneuse qu'éprouve trop souvent le voyageur s'arrêtant à l'aspect extérieur du pauvre. En Kabylie, la négligence du costume, portée à l'extrême, même par calcul, justifierait la répugnance.

En regagnant la mission avec le R. P. Baldit, on croisa un indigène, loqueteux à faire envie à un émule de Callot. Or, ce déguenillé n'était nullement le misérable qu'il affectait d'être par souci de sécurité, c'était le fils d'un forgeron rapportant probablement des recouvrements au logis paternel.

Si, apercevant une femme montant une charge d'eau, l'on compatit au sort de la pauvrette, on apprend que la descente, le séjour à la fontaine et le retour au logis sont les meilleurs moments pour la femme kabyle. C'est là que se font les rencontres journalières entre dames exclusivement, bien entendu ; la source, c'est le salon en plein vent et, quand les ménagères y sont réunies, les hommes doivent rester à distance. Les femmes sont tenues de descendre et de remonter par groupes et si, à l'occasion de cette règle, on s'apitoie sur la surveillance jalouse dont elles sont l'objet de la part de leurs maris, on apprend que c'est le moindre mal, l'obstacle nécessaire à un épouvantable dévergondage. L'amour très réel de l'enfant, seule protection efficace pour garder à la femme sa place au foyer, est un autre gage de moralité relative.

Il arrive d'apprécier sévèrement la rudesse avec laquelle sont élevés, chez les montagnards, les enfants dès le plus jeune âge.

A la réflexion, on se rend compte que si les femmes transportent sur leur dos les pauvres petits, singulièrement cahotés, alors que leurs mères sont au travail, c'est sous l'influence de la nécessité.

Une visite aux cimetières, dont le nombre et l'étendue sont en rapport, en Kabylie, avec la densité de la population, n'est pas sans intérêt. Si, dans un cimetière destiné aux étrangers, les tombes sont disposées avec peu de soin, il en est tout autrement dans une nécropole établie à quelque distance de la mission. Là, les pierres tombales, pressées les unes contre les autres, sont symétriquement rangées et rituellement orientées.

Au delà du cimetière s'élève une chapelle musulmane dite *kouba* ; une sorte de cierge était allumé dans ce sanctuaire, et, près de ce lieu de pèlerinage, divers objets étaient suspendus, à titre d'*ex-voto*, à des arbres dessinant une sorte de croix.

Une fillette apportait comme offrande à la kouba un plat de kouskous. Ces faits attestent l'existence d'un ensemble de pratiques religieuses observées sous l'influence de la croyance à l'existence de Dieu, à l'action de la Providence, notions naturellement perçues par les esprits simples, alors qu'elles échappent parfois au savoir et au génie, arrêtés dans leur évolution vers le vrai, par l'étude de multiples phénomènes, et plus encore par la rencontre de beaucoup d'hypothèses.

Le retour à Michelet, sous la conduite de l'excellent Père Baldit, fut l'occasion d'une leçon de choses intéressante au point de vue même de l'histoire de la conquête. Un aperçu fut pris fortuitement de l'impression laissée aux indigènes par les souvenirs de la lutte. Un vieux Kabyle voulut indiquer au visiteur, par l'obligeante entremise de son pieux compagnon, comment les Français, lors de leur première apparition, avaient établi leur camp au sommet du massif qui surmonte Michelet. Ils sortaient, disait-il, le matin, rayonnaient dans le pays, rentraient le soir ; ils disparurent un jour, et revinrent seulement deux ans après. L'accent du narrateur, l'expression de sa physionomie, ne trahissaient ni haine, ni rancune, seulement un sentiment de légitime fierté, en rappelant la résistance glorieuse.

L'éminent religieux que je me prenais à qualifier de

Monseigneur, tant sa physionomie ascétique paraissait être celle d'un patriarche, me disait avoir connu un Kabyle qui racontait avec une inspiration véritablement épique les épisodes mémorables d'une lutte où, quelle que

Village kabyle.

fût la fortune des armes, l'honneur demeurait partagé. On comprend qu'un officier ayant pris part, aux débuts d'une brillante carrière, aux campagnes de Kabylie, M. le Général de Torcy, ait voulu, en se rendant au Maroc, revivre en quelque sorte le passé. Les troupes espagnoles n'avaient-elles pas à réduire, comme l'avait fait l'armée française, des populations berbères, retranchées dans les défenses naturelles d'une région montagneuse ?

Chemin faisant, il a été donné de constater la vénération inspirée par le Père. Des indigènes s'approchaient, lui prenaient la main et la baisaient, et il advint au touriste de partager, assez confus, un hommage qui était pour lui un excès d'honneur immérité.

On fit la rencontre de marabouts avec lesquels on échangea un salut, et le Père m'apprit, quand ils nous eurent quittés, qu'il tenait en grande estime et sympathie l'un d'eux, aussi bien pour son caractère que pour son savoir. Cet homme, de mœurs chrétiennes, me disait-il, n'avait eu qu'une femme et bien qu'elle ne lui eût pas donné d'enfants, il l'avait gardée. En outre, véritable savant, ce musulman était venu en aide au missionnaire pour la traduction de l'Evangile en langue kabyle.

Ces relations s'expliquent, car, me disait un interprète indigène, les Pères Blancs, tout le monde les aime. Le respect ne s'arrête pas à la personne des serviteurs de Dieu, il s'étend à la religion qui inspire leurs actes ; le digne marabout dont nous avons parlé, convient que la doctrine des chrétiens est supérieure au point de vue de la morale.

Le publiciste trop brièvement cité, M. François Charveriat, enlevé par la mort au début d'une carrière qui s'annonçait brillante, « pensait avec raison, suivant son éditeur, que la France n'aurait rien fait, tant que les indigènes ne seraient pas devenus de véritables Français..... il comprit bientôt qu'un peuple dont toute la vie a pour base la religion mahométane, ne pourrait devenir Français qu'en devenant Chrétien. »

Vue du Djurjura.

D'autres peuvent songer à réaliser l'assimilation à l'aide de la Libre-Pensée. Ce serait un gros risque à courir que de vouloir introduire dans l'école indigène des doctrines franchement négatives. Il est vrai qu'en pareille matière, on procède par voies détournées et que les succès dissolvants obtenus ailleurs, grâce à une méthode insidieuse, pourraient engager à s'en prendre à la foi des adorateurs d'Allah, en usant de moyens

44

analogues. Jusqu'ici, la crainte du sentiment populaire
a servi la cause de la sagesse en Algérie.

Quoi qu'il en soit des desseins officiels, il est intéressant d'observer comment, dans un groupe catholique
rencontré en pays d'Islam, se trouve modifiée la situation de la femme ; ce n'est plus l'esclave de l'homme,
c'est sa compagne, consciente à la fois de ses droits et
de ses devoirs ; elle possède la sécurité du foyer. N'est-
ce pas le sentiment de cet inexprimable bonheur qui a,
sous toutes les latitudes et par intuition, fait de la femme
chrétienne, suivant l'expression liturgique, le sexe
pieux ?

Si chez les Kabyles, généralement monogames,
la polygamie ne produit pas les terribles ravages
signalés ailleurs par une femme de grande distinction, Mme Dieulafoy, la faculté de répudiation réser-
vée à l'homme « détruisant l'union des foyers, sapant
la morale, ravalant la femme, enlevant à la moitié du
genre humain la conscience de sa dignité » est la conséquence de l'inégalité établie entre les deux sexes par
la loi de l'Islam. De son côté, M. Charveriat avait con-
firmé cette appréciation en constatant que, sous l'influence de mœurs vicieuses et brutales, on ne rencontrait
pas chez les populations kabyles la jeune femme dont
la beauté et la charme trouvent leur épanouissement à
la suite du mariage librement et joyeusement contracté,
avec des envolées d'immatérielle et réciproque ten-
dresse.

Après avoir étudié, dans la mesure où le permettait
le servage professionnel, le développement de la civili-

sation chrétienne dans le monde romain, en Europe et dans notre France, grâce aux travaux de M. Guizot, de M. Ozanam, des membres éminents de notre Compagnie, M. l'abbé Vacandard, M. Paul Allard, et d'autres que nous regrettons, tels que M. l'abbé Fouard, M. de Beaurepaire ; après avoir suivi dans le présent l'œuvre des missions, quel attrait n'éprouve-t-on pas à rencontrer, au déclin de la vie, une évolution naissante attestant l'inlassable action de Dieu pour affranchir les faibles, pour ménager aux captifs involontaires d'une foi sensuelle, l'accès d'un idéal spiritualisé ?

Les sentiments marqués par la population kabyle à l'endroit des missionnaires et des sœurs, la montre digne d'estime. C'est une belle chose de savoir supporter, sans froissement misérable, la supériorité morale, c'est l'indice d'une intime aspiration vers le bien.

Puissent Pères Blancs et Sœurs Blanches servir toujours, dans la liberté commune, la double cause de la gloire de Dieu et de la grandeur de notre pays ! Puissent-ils, sans porter ombrage à d'autres mérites, en s'associant par leurs œuvres à toutes les inspirations généreuses, contribuer, grâce à leur charitable abnégation, à faire bénir un jour, par ceux qui lui sont soumis, le pouvoir de la France !

OUVRAGES CONSULTÉS :

A travers la Kabylie et les questions kabyles, par François Charveriat.

Lettres sur l'Algérie. Général Donop (1907-1908).

Plan d'études et programmes de l'Enseignement primaire des indigènes en Algérie (Alger, 1897).

Compte rendu des travaux du Congrès de l'Afrique du Nord (1909).